MOUNTAIN VIEW
PUBLIC LIBRARY
Mountain View, CA

W9-CNC-348

Explora las cadenas alimentarias y las redes tróficas

# LAS CADENAS ALIMENTARIAS EN
# LA CHARCA

Katie Kawa

Traducido por Esther Sarfatti

**PowerKiDS** press.

Nueva York

Published in 2015 by The Rosen Publishing Group, Inc.
29 East 21st Street, New York, NY 10010

Copyright © 2015 by The Rosen Publishing Group, Inc.

All rights reserved. No part of this book may be reproduced in any form without permission in writing from the publisher, except by a reviewer.

First Edition

Editor: Katie Kawa
Book Design: Reann Nye
Spanish Translation: Esther Sarfatti

Photo Credits: Cover tim elliott/Shutterstock.com; p. 5 (pond) Patricia Hofmeester/Shutterstock.com; pp. 5, 21 (fish) George Grall/National Geographic/Getty Images; pp. 5, 21 (algae) Ratikova/Shutterstock.com; pp. 5, 21 (tadpoles) ankiro/Shutterstock.com; p. 6 (both salamanders) Steve Byland/Shutterstock.com; p. 7 samarttiw/Shutterstock.com; p. 9 Janet J/Shutterstock.com; pp. 10, 21 (snail) Gts/Shutterstock.com; p. 11 Robert McGouey/All Canada Photos/Getty Images; p. 12 Guy J. Sagi/Shutterstock.com; p. 13 Gary Meszaros/Photo Researchers/Getty Images; p. 14 Erni/Shutterstock.com; p. 15 Member/Shutterstock.com; pp. 16, 21 (mushroom) Martin Fowler/Shutterstock.com; p. 17 Ruud Morijn Photographer/Shutterstock.com; p. 18 tmcphotos/Shutterstock.com; pp. 19, 21 (water bear) Roland Birke/Photolibrary/Getty Images; p. 21 (frog) Artur Synenko/Shutterstock.com; p. 21 (turtle) JamesChen/Shutterstock.com; p. 21 (bacteria) Nixx Photography/Shutterstock.com; p. 21 (pond) Pi-Lens/Shutterstock.com; p. 22 Dragon Images/Shutterstock.com.

Library of Congress Cataloging-in-Publication Data
Kawa, Katie, author.
Las cadenas alimentarias en la charca / Katie Kawa, translated by Esther Sarfatti.
     pages cm. — (Explora las cadenas alimentarias y las redes tróficas)
  Includes index.
ISBN 978-1-4777-5978-3 (pbk.)
ISBN 978-1-4777-5979-0 (6 pack)
ISBN 978-1-4777-5977-6 (library binding)
1. Pond ecology—Juvenile literature. 2. Food chains (Ecology)—Juvenile literature. I. Title.
QH541.5.P63K37 2015
577.63'6—dc23

Manufactured in the United States of America

CPSIA Compliance Information: Batch #CW15PK: For Further Information contact Rosen Publishing, New York, New York at 1-800-237-9932

# CONTENIDO

# LA VIDA EN UNA CHARCA

Muchos seres vivos hacen de las charcas su casa. Estos seres vivos forman parte de cadenas alimentarias. ¿Qué es una cadena alimentaria? Es una manera de mostrar el paso de la **energía** de un ser vivo a otro. Si conectas dos o más cadenas alimentarias, obtienes una red trófica.

Las cadenas alimentarias están formadas por **eslabones**. Cada vez que un animal o una planta le sirve de alimento a otro ser vivo, la energía se transmite y se añade otro eslabón a la cadena. Todas las plantas y animales en una charca necesitan energía para vivir y crecer. La obtienen del sol y de otros seres vivos.

### Es un hecho

Las plantas reciben energía del sol. Los animales reciben energía cuando comen plantas u otros animales.

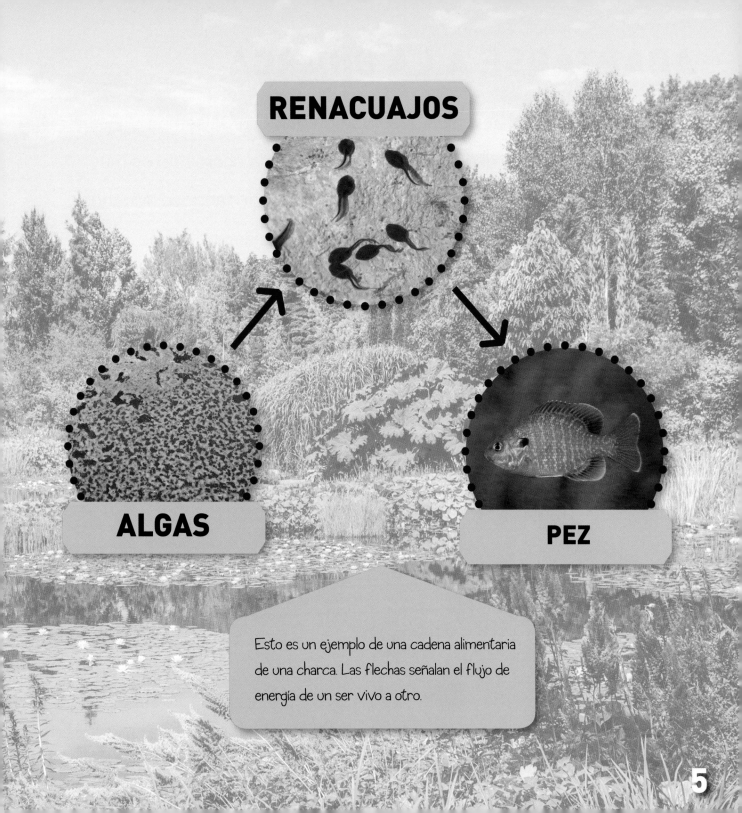

# RENACUAJOS

# ALGAS

# PEZ

Esto es un ejemplo de una cadena alimentaria de una charca. Las flechas señalan el flujo de energía de un ser vivo a otro.

5

# ADAPTARSE A LA CHARCA

Las plantas y los animales que viven en una charca se han **adaptado** a la vida en ese **hábitat**. El agua de una charca no es muy profunda, y la mayoría de las charcas tienen un fondo fangoso. Muchos animales, entre ellos las tortugas, las ranas y las salamandras, se entierran en el fango durante el invierno mientras hibernan o descansan. Algunos animales, como los peces y las crías de las salamandras, tienen branquias. Las branquias les permiten a muchos animales acuáticos respirar bajo el agua.

**cría de salamandra**

**salamandra adulta**

Una cría de salamandra tiene branquias a plena vista en el cuello. Las salamandras adultas no tienen branquias. Las pierden a medida que les crecen los **pulmones**.

Entre las plantas que crecen en la charca están los nenúfares, que flotan en la superficie del agua. Tienen hojas planas para captar la luz del sol.

### Es un hecho

Los nenúfares llaman la atención por sus preciosas flores, que tienen el centro de color amarillo.

# UNA MIRADA A LAS ALGAS

Las plantas son el primer eslabón de una cadena alimentaria. Usan la energía del sol para producir su propio alimento, por lo que a menudo reciben el nombre de productores. Las plantas usan la energía que reciben para transformar el **dióxido de carbono** y el agua en una especie de azúcar que les sirve de alimento. Este **proceso** se llama fotosíntesis.

Algunos de los productores más comunes de las charcas son las algas. Estos productores primarios en realidad no son plantas. Sin embargo, también producen su alimento a través de la fotosíntesis. Muchos animales de la charca comen algas, pasando la energía del sol a través de la cadena alimentaria de algas a animales.

Las cadenas alimentarias en muchos cuerpos de agua, como las charcas y los océanos, comienzan por las algas, ya que muy pocas plantas viven bajo el agua.

## Es un hecho

Las algas proveen una gran parte del oxígeno de la Tierra, que es un gas que los animales necesitan para vivir. El oxígeno se produce a través de la fotosíntesis.

**9**

# COMEDORES DE PLANTAS EN LA CHARCA

El segundo eslabón de una cadena pertenece a los animales que comen plantas u otros productores, como las algas. Algunos animales comen solo los productores de la cadena. Se llaman herbívoros. Los caracoles son herbívoros comunes en un hábitat de charca. Tienen filas de dientes que usan para extraer las algas de las plantas y las rocas.

Los castores también son herbívoros de charca. Los árboles les sirven de alimento: comen corteza de árbol y las raíces y brotes de otras plantas cercanas al agua. También usan las ramas de los árboles que crecen cerca de las charcas para construir sus casas, que se llaman madrigueras.

## Es un hecho

Algunos animales, como las ranas y las salamandras, son principalmente herbívoros cuando son crías. Cuando crecen y se hacen adultos, se convierten en depredadores.

Hay herbívoros de todos los tamaños en un hábitat de charca. Los caracoles están entre los animales más pequeños en un hábitat de charca, mientras que los castores son de los más grandes.

# LOS DEPREDADORES DE LA CHARCA

En un hábitat de charca viven muchos carnívoros, o animales que comen otros animales. Los carnívoros son el tercer eslabón en la cadena alimentaria. Podrían ser hasta el cuarto o quinto eslabón, ¡ya que algunos incluso comen otros carnívoros!

Muchas especies, o tipos, de peces que viven en las charcas son carnívoros. Muchos **insectos** de la charca también son carnívoros. Las libélulas se alimentan de otros insectos, y las larvas de libélula comen renacuajos. Cuando los renacuajos crecen y se convierten en ranas pueden vengarse de las libélulas por cazarlos siendo renacuajos. Las ranas comen libélulas y otros insectos, gusanos y caracoles.

**Es un hecho**

Las ranas adultas a veces comen renacuajos, ¡y algunos renacuajos grandes se comen a otros más pequeños!

Las libélulas dejan de ser depredadoras de ranas y se convierten en sus **presas** a medida que ambas crecen.

# OMNÍVOROS Y CARROÑEROS

Algunos animales comen tanto productores como otros animales. Se les llama omnívoros, y en la charca encuentran muchas fuentes de alimento para escoger. Las tortugas son omnívoras y a menudo viven en charcas. Comen peces, ranas, caracoles y algas.

Las tortugas también comen animales muertos en los hábitats de charca. Los animales que comen animales muertos se llaman carroñeros. Los cangrejos de río son otra clase de carroñero de charca. Tienen fuertes pinzas que los ayudan a cazar a sus presas, aunque también comen animales muertos si no los encuentran vivos. Los platelmintos también son carroñeros. Se mueven por el suelo de la charca en busca de alimento.

Las tortugas a veces comen cangrejos de río.

### Es un hecho

Los cangrejos de río también usan sus pinzas
para defenderse de sus depredadores.

# ¿QUÉ SON LOS DESCOMPONEDORES?

Las cadenas alimentarias no acaban cuando mueren las plantas y los animales. Algunos seres vivos descomponen animales y plantas muertos para obtener energía. Estas criaturas se conocen como descomponedores. Cuando se descomponen las partes de un animal o una planta, se convierten en **nutrientes**. Las plantas necesitan estos nutrientes para crecer y comenzar otra cadena alimentaria.

Los dos descomponedores más comunes del hábitat de charca son las bacterias y los hongos. Las bacterias son tan pequeñas que el ojo humano no es capaz de verlas. Algunos ejemplos de hongos son los **mohos** y las **setas**.

**Es un hecho**

Las bacterias son seres vivos hechos de una sola **célula**. Se clasifican por sus formas, como, por ejemplo, bastones, esferas y espirales.

Los descomponedores tienen un trabajo importante en la cadena alimentaria de la charca. Descomponen los cuerpos muertos, permitiendo que comiencen nuevas cadenas.

# LAS CADENAS ALIMENTARIAS MÁS PEQUEÑAS

En las charcas se encuentran cadenas alimentarias enteras formadas por criaturas tan pequeñas que no se ven a simple vista. Estos seres vivos minúsculos solo pueden ser observados con la ayuda de un microscopio.

En este mundo de diminutas criaturas, la más grande es la ameba. Una ameba tiene el tamaño de una cabeza de alfiler, y su cuerpo se compone de una sola célula. Las amebas comen bacterias, algas y animales y plantas muertos. Un oso de agua es un pequeño animal que vive en las charcas. Parece el oso más pequeño del mundo, ¡aunque tiene ocho patas!

El microscopio es un aparato óptico que permite ver objetos o detalles tan pequeños que no se pueden ver a simple vista.

18

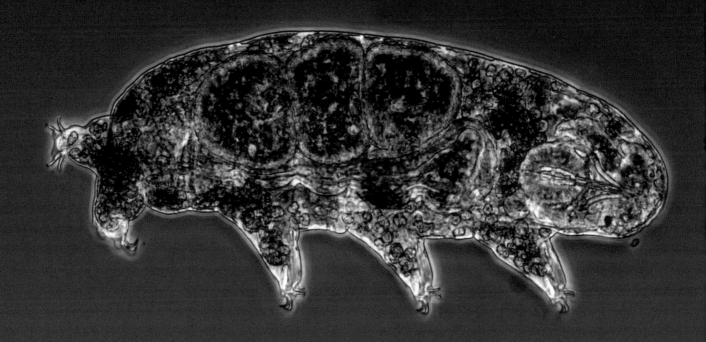

**Es un hecho**

Los osos de agua sorben el jugo de las hojas y las algas.

# UNA RED TRÓFICA EN LA CHARCA

Todos los seres vivos de una charca están conectados. Las redes tróficas muestran cómo se conectan las distintas cadenas.

Los colores en esta red muestran los distintos tipos de seres vivos de una charca. Las flechas muestran el flujo de energía de un ser vivo a otro. Los descomponedores, que aparecen en la parte inferior de la red, descomponen los cuerpos de todas las criaturas después de muertas, devolviendo nutrientes al hábitat de charca.

## Clave de cadenas alimentarias

- carnívoro
- descomponedor
- herbívoro
- omnívoro
- productor

## Es un hecho

Las ranas no comen lo mismo cuando son renacuajos. Por eso los renacuajos y las ranas son dos componentes separados de una red trófica de charca.

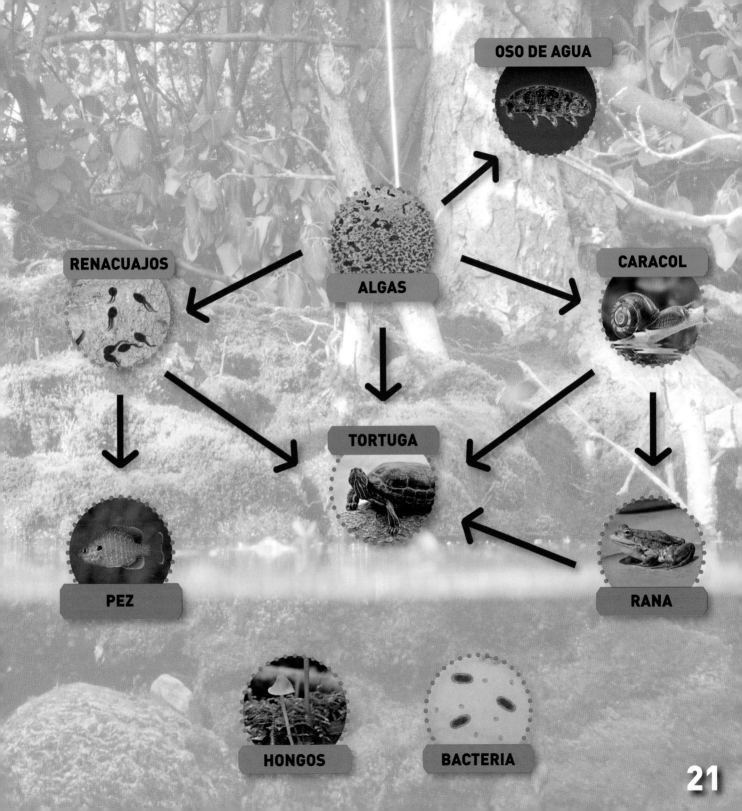

OSO DE AGUA

RENACUAJOS

ALGAS

CARACOL

TORTUGA

PEZ

RANA

HONGOS

BACTERIA

21

# PROTEJAMOS LAS CHARCAS

La mejor manera de aprender sobre las cadenas alimentarias y redes tróficas en un hábitat de charca es visitar uno. Debe acompañarte un adulto, y ten mucho cuidado de no ocasionar daño a ninguno de los seres vivos de la charca.

La gente también tiene un papel importante en las cadenas alimentarias de las charcas. Si hay polución, la charca puede estar tan sucia que los animales no pueden vivir en ella. Las obras de construcción pueden destruir los hogares de los animales de la cadena. Es responsabilidad de todos **proteger** las charcas y las criaturas que viven en ellas.

### Es un hecho

Cuando vayas a una charca, lleva una lupa para ver las diminutas criaturas que viven en ella. Una lupa hace que las cosas parezcan más grandes cuando miras a través de ella.

# GLOSARIO

**adaptarse:** Cambiar para acomodarse a nuevas condiciones.

**célula:** Unidad fundamental de los organismos vivos.

**dióxido de carbono:** Un gas pesado incoloro que está en el aire y que usan las plantas durante la fotosíntesis.

**energía:** El poder o la habilidad de estar activo.

**eslabón:** Una pieza que conecta con otra.

**hábitat:** El hogar natural de las plantas, los animales y otros seres vivos.

**insecto:** Un animal pequeño que tiene un cuerpo dividido en tres partes, tres pares de patas y, normalmente, una o dos pares de alas.

**moho:** Un hongo que puede ser peludo y que se encuentra en materia húmeda o muerta.

**nutriente:** Algo que consume un animal o una planta para crecer y mantenerse saludable.

**presa:** Un animal cazado por otros animales como alimento.

**proceso:** Conjunto de fases sucesivas.

**proteger:** Mantener a salvo.

**pulmón:** Una parte del cuerpo de ciertos animales que les permite respirar aire.

**seta:** Un hongo que crece por encima del suelo y se reconoce por su tallo y su sombrero.

# ÍNDICE

# SITIOS DE INTERNET

Debido a que los enlaces de Internet cambian a menudo, PowerKids Press ha creado una lista de los sitios Internet que tratan sobre el tema de este libro. Este sitio se actualiza con regularidad. Por favor, usa este enlace para ver la lista: www.powerkidslinks.com/fcfw/pfc